ENSAMBLAR

LIDIA LETICIA RISSO

WANCEULEN
Editorial

WANCEULEN
Poética

Título: ENSAMBLAR
Autora: LIDIA LETICIA RISSO

Editorial: WANCEULEN EDITORIAL
Sello Editorial: WANCEULEN POÉTICA

ISBN Papel: 978-84-17964-57-3
ISBN Ebook: 978-84-17964-58-0

DEPÓSITO LEGAL: SE 1514-2019

Impreso en España. 2019.

WANCEULEN S.L. C/ Cristo del Desamparo y Abandono, 56 - 41006 Sevilla
Webs: www.wanceuleneditorial.com y www.wanceulen.com
Email: info@wanceuleneditorial.com

Para mis padres Leticia y Oscar, que habitan en el paraíso,
para mis hermanas Delia y Mirta, que siempre están a mi lado,
y para mis cuatro patitas Ayün, que alimenta mi alma
con sus payasadas.

Y un profundo agradecimiento, a mis grandes maestros, a los
que siempre presentes en mi memoria, me convirtieron en lo
que soy: al Dr. Aníbal Ferrer y a Don Emilio Pérez Delgado,
gracias, jamás los olvidaré.

Ensamblar, fusionarse con la vida misma, con la cotidianeidad, con un futuro sin remedio, inescrupuloso…, que nos propone: el misterio del sol, de la luna espumada, de las estrellas que deambulan diáfanas, cortejando a los meteoros, que se desprenden sonoros como un flash en su rauda embestida. Y ese reloj de arena que se filtra, que no frena y que gota a gota nos condena, a vivir en forma vertiginosa, presurosa, por temor, a la llegada del todo inexorable, del imprevisto final. El dolor aprieta sus dientes, cuando nuestras heridas calientes, lo paralizan, lo descolocan, pero aún así…, casi siempre gana esa pulseada y no deja de avanzar. Y la alegría, casi siempre indiferente, se desliza suavemente, aprendiendo a caminar. Diferentes emociones, convergen, confluyen, se ensamblan y lagunas de dudas, océanos de preguntas, se hacen presentes. Muchas veces, renegamos de nuestra condición, pero lo que más deseamos, en definitiva, es: ser poseedores de un espíritu intachable, para dar luchas incansables, en pos del amor y de la paz, dándole pelea a la adversidad, que nos provoca en forma constante y a veces nos hace flaquear.

A TRAVÉS DE SU VENTANA

No puede
resistirse,
al perfume,
de las frutas
y las flores
y al perfume
de la tierra,
húmeda…,
mojada

Un aire
suave,
se pasea
ante su mirada
y se balancea,
a través,
de su ventana

Una fresca
brisa,
vestida
de cobriza,
pinta su jardín,
con pinceladas

Y un árbol
frondoso,
que le ofrecerá
su sombra,
para un nuevo
amanecer,
que se prepara

AIRE VICIADO

Viento
huracanado,
que todo
te has llevado

Continentes
de cenizas
y esa…
exquisita brisa,
que con prisa,
nos has quitado

Remolinos
sin destino…,
que todo lo has
perpetuado

Aire viciado
de angustia
y tardes
que mustias,
sólo dolor,
han dejado

Aludes
y tempestades,
por nosotros
han pasado
y se quejan
nuestros huesos,
que se encuentran
agrietados

Oprimidos
por la angustia,
que presente
en el pasado,
has desvencijado
estos cuerpos,
no así….,
sus resultados

AQUEL ROPERO

Repleto
de agujeros,
las maderas
de aquel ropero,
sufrieron
las heridas
perimidas,
de todos
los tiempos

Cajones
desvencijados
y estantes
remendados,
donde...
pueden
encontrarse,
todo tipo
de objetos
guardados

Y a su lado....,
un perchero,
desgastado
y un paraguas,
arrugado,
que gritan
desesperados,
para llamar

la atención,
de aquéllos
fantasmas..,
que agazapados…,
pululan
desorientados,
por toda
la habitación

AMOR ,
DE A DOS

Cuando
del amor
de pareja,
se es adicto,
con el paso
de los años,
se requiere
un veredicto

Porque
cuando aquél,
se detiene...,
sobreviene,
un nuevo
capítulo

Luego....,
se comienza,
a vivir
en soledad,
para algunos
se sostiene
y otros...,
van en busca,
de un nuevo amor,
de una nueva,
realidad

Los primeros
descubren,
lo bello,
que es vivir
en libertad

Los segundos
prefieren,
probar…,
con otro amor,
porque tienen
el valor,
de confesar
su verdad

APRENDER

Honrar
la vida,
sin que nada
nos pida

Salir
adelante,
sin ser
pedante

Aprender
a soñar,
aprender
a amar,
aprender
a perder,
aprender
a triunfar

Es darle
lucha,
para madurar

Es
vencer,
es merecer,
es saber
discernir
y nunca mentir,

eso,
es honrar
la vida,
es...,
convertirnos
en héroes
para poder
perdurar''

CICATRICES

De amores,
que dejaron
marcas,
de dolores,
que oprimen
la garganta

De ilusiones
y sueños
perdidos,
de pasiones,
que se hubieron
ido

Cicatrices,
que se ahogaron,
en silencio
y temores
que se instalaron,
a muy bajo
precio

De la resaca,
se instaló
la teoría,
de esa cruel
melancolía,
que tanto
desprecio'

CUANDO LOS SUEÑOS, PERECEN

Vana
es la vida,
cuando los sueños,
perecen

El fuego,
ya no se enciende,
la vida..,
ya no se anima
y los brotes,
no germinan

Se congela
el alma,
ya nada
es propicio,
ni el cielo
repleto
de estrellas,
ni la luna,
ni el solsticio

Un letargo,
que consume
y un tiempo,
que inmune,
se presume
vitalicio

CUANDO NADIE,
TE NOMBRA

Es....,
porque
no has dejado
ni pisadas,
ni sombras,
que hicieran
mellas

Ni siquiera
una huella,
que haya
marcado,
tu egoísta
caminar

No supiste
como andar,
por el barro
de la vida,
sembraste,
tantas heridas,
que sólo,
te hiciste
odiar

Pensaste
en ti mismo,
en tu propia
conveniencia,
sin advertir
que la apariencia...,
poco dura
y hasta suele,
lastimar

Por todo esto,
sólo...,
a la indiferencia,
has podido,
motivar

CULPABLE

Fue
culpable,
de amar,
sin remedio

Almacenó
en su memoria,
todo lo malo
que pudo,
en su propio
desmedro

Atravesó
minutos,
buscó
su origen,
se perpetuó
en el tiempo

Mutó
su piel,
sin que lo
advirtiere

Sopló
molinos,
que se aliaron,
con el viento

Y así…,
descubrió
que en su vida,
ya no hubieren,
sentimientos

DESAFÍO

Alucinar,
con la suerte,
que llega
y luego,
se esfuma
como la espuma
y se esconde
entre la gente

Dilucidar,
si el mar,
es mejor
que el río,
o si un rumbo,
dando tumbos,
es tu mejor
desafío

Si tal vez,
aquél...,
que se fue
de viaje,
se encuentra
en algún
paraje,
que nos resulta,
sombrío

Dilatar,
la vida,
por miedo
a la muerte,
o cambiar
el día,
para no hacerle
frente

O reír,
de la noche,
cuando
los reproches
se proclaman,
en forma
renuente

DÓNDE HAS ESTADO?

Te busco
en cada rincón,
espío la noche,
que repleta
de reproches,
cuelga
las antorchas
en los broches,
para iluminar
mi camino

Desafío
a mi destino,
que yace
muerto

Miro
para otro costado
y una sombra
me comenta,
que allí…,
has estado
y que nunca,
has de volver

Me recuesto
resignada,
pero jamás
derrotada,
pues volveré
a renacer

EL ÁNGEL

Impávida
su mirada,
vió deslizar
a un ángel
y lo llamó,
El Ángel,
del Amanecer

Él,
con placer
la observaba
mientras,
ella,
le preguntaba,
qué es,
lo que vino
a hacer?

El ángel,
la miró
con tristeza
y le comentó
sin dureza…,
que un viaje,
debían hacer

Ella…,
comprendió
apenada,
tomó
su almohada
y echó,
a correr

Él,
le concedió
otro día,
a modo
de amnistía
y le dijo
que volvería,
con el nuevo
amanecer'

EL AVE FÉNIX

Como
El Ave Fénix,
amaba
la vida

Un profundo
miedo,
corría
por sus venas
y abría
sus heridas

La amaba
tanto,
que morir,
no quería

Por eso
se restauraba,
cada día

Y se cuidaba
tanto,
que enfermarse
no quería

Contaba
las horas,
contaba
los días
y a Dios,
solicitaba
que prolongue,
su estadía

No deseaba
replegarse
y mucho menos
marcharse…,
porque amaba
su vida′′′′′

EL ARTE DEL
DEL OLVIDO

Sentir…,
el olvido
inmerecido,
es recordar
casi vencido,
el arte de haber
vivido

No hubieres
de pronunciar,
palabras
de dolor,
tratando
de no cometer,
ningún error,
para que el amor,
se hubiere
mantenido

No hubieres
de haber
escrito,
palabras
lagrimosas,
ni emitir..,
lastimosas
frases,
que hubieren
herido

No hubieres
de decir,
lo que pensabas,
y mucho..,
tuvieres.,
que haber
fingido

Aún así,
con tu esmero,
el arte
del olvido,
será el primero….,
en privarte de todo,
lo que hubieres
construido

EL CIELO,
SE OPONE

Si el cielo
se opone,
a mojar tu cara,
es porque
tus acciones,
no se merecen
nada

Si la vida,
te grita
y no te acompaña,
es porque del bien,
seguro…,
no has hecho
campaña

Si Dios,
no te escucha,
cuando cosas
materiales
le pides…,
es porque,
no lo concibe,
porque ese pedido,
lo daña

Si al amor,
lo matas
con tu egolatría,
buscará
otro regazo,
más calmo
y más manso,
de valerosa cuantía,
y así...,
dormirá
en sus brazos,
desprovistos
de tu falsía

EL ENGAÑO

Ese…,
que hace
mucho daño,
y que todo
lo lastima,
nos acompaña
siempre,
a lo largo
de la vida

Deja
que todo se expida,
porque poco
le importa….,
si feliz,
si arrepentido,
si por demás
dolorido

Su nombre,
va de boca
en boca
y su gran
altanería,
nos quita
toda alegría
y hasta
del saber,
nos despoja

Engaño..,
fiel compañero,
que todo amor
exterminas,
son tus terribles
acciones,
las que provocan
heridas,
que no habrás
de subsanar,
porque a todos...,
subestimas

EL HABITANTE

Su cama
vacía,
lo espera…,
el silencio,
se ha blindado,
mira,
para otro costado
y el habitante,
no llega

Los fantasmas…,
merodean
en la casa,
que desespera

Figuras
en las sombras,
se cuelgan
de los broches
y se menean

Avanza
la noche,
serpentea,
todos sienten
un gran temor,
a las noticias,
que no llegan

Se siente
un enorme
vacío,
se coagula
el aire,
se congela
el río

Y la morada
adolece,
de un tenebroso
vacío

EL MENSAJERO

Era,
un hermoso
paquete,
envuelto
en celofán
celeste

Yacía....,
el mensajero
dormitando,
oyendo
el remanso,
de una blonda
melodía

Pero..,
la puerta
no abría..,
nadie,
a mirar acudía

De pronto,
un niño descalzo
a preguntarle
venía

Para quien
era el paquete,
si nadie
lo recibía?

La ternura,
invadió
esa casa,
que yacía,
vacía

Y
en el mientras
tanto,
las penas todas,
todas las penas...,
partían

EL PLACER,
DEJÓ DE SER

El placer,
dejó de ser
y se rindió,
ante el olvido

Y el dolor,
se sintió
orgulloso,
por ser,
el único
elegido

Y el viento,
furioso..,
atravesó
sus caminos,
logró,
ponerlos
nerviosos
y les cambió
su destino

EL RUMBO

El rumbo,
fue dando
tumbos,
recordando
su pasado

Y el camino
sin destino,
caminaba
zigzagueando

El rocío,
mientras tanto…,
hacía
profundos
pozos….
y los bañaba,
de llanto

Y la neblina
curiosa,
se asomaba
majestuosa
enturbiada,
por el espanto

Luego…
la lluvia..,
quien lo diría?
pondría
el punto final,
sellando
como casual,
tanto quebranto'

EL TORPE

Torpe
parecía…,
pero todo,
lo sabía

Sus andrajos
denotaban,
las penurias
que vivía

Pero era
todo un maestro,
que emanaba,
sabiduría

Sus pies
desnudos
y su figura
harapienta,
su larga barba
y su boca
sedienta,
caminaban
la ternura,
festejaban…,
la carencia

Dueño de sí
y de una total
transparencia,
no podía
comprender…,
el porqué,
de tantas
dolencias

Y así,
decidió marchar
y tomar
otros caminos,
para poder
olvidar,
todo el maltrato,
sufrido

EN ESE.., PRECISO INSTANTE

La tierra,
se fundió,
con los mares

El cielo,
desbarrancó
y produjo…,
el más grande,
de los avatares

El mundo,
se desplomó,
junto con los
glaciares

Y la humanidad,
incursionó
en el miedo,
por tanta
violencia,
seguida
de pesares

Y la luz,
se fundió
en un grito
y la sombra,
se pronunció
en infinito

Fue un día
especial
un sueño…,
muy distinto

ESA PLAZA...

Fue la cita,
del amor
mas verdadero
y fue...,
en tiempo
pasado,
el recuerdo
más austero

Empero
el destino...,
nos define
y el amor
se dilata,
con lo que se trata
de vivir,
es lo que a veces,
nos mata

Los sentimientos
mas nobles,
día a día,
van muriendo,
el corazón
nos oprime
y el olvido,
va tejiendo
un espíritu
de lata

ESCUCHAR
EL SILENCIO

Escuchar
el silencio
cuando grita,
es un afán
que amerita
ser cuidado

Porque..,
a veces,
los gritos,
se sienten
amenazados
y avanzan,
desesperados,
hacia un abismo
que absurdo,
más se parece
a lo burdo…
que a lo inesperado

Caminar
por ese camino,
conduce
a un destino
favorable,

si bueno…,
es irreprochable,
si malo….
no dable,
si valeroso,
tal vez..,
poco confiable

EN QUIÉN,
ME CONVERTÍ?

En quién
me convertí?
si casi,
no noté,
que mi juventud,
migraba
y que estaba
parada
frente a ella,
pero no veía
nada

Que mi piel,
de a poco
mutaba,
que tenía huellas…,
que estaba
arrugada
y que pasaban
las horas,
con una crueldad,
ilimitada

Y que sólo
queda
de todo esto…,
un dolor presto,
y una porción

de vida,
que no tengo
calculada

Me resta
fingir,
que el tiempo
cobarde,
se confiesa
demasiado tarde,
para no volver
a vivir,
acongojada

ESPEJO ROTO

Un espejo
roto,
que grita
de dolor,
porque
en su cara interior..,
siente
un estupor,
que lentamente
lo habita

Palpita,
frente
a una cruda
realidad,
que con crueldad,
se recicla

Se enfrenta
con la verdad
y entonces….,
medita

Esgrime,
un aliento
reprimido,
recordando
aquéllos tiempos,
otrora, vividos

Aquéllas
cosas..,
maravillosas,
que ahora..
se rodearan,
del perfume
del olvido

Ellas...,
huelen,
a silencio
y lloran,
los buenos
momentos,
que ya, hubieren
partido

ELLOS…,
MIS FANTASMAS

Mis amados,
mis queridos,
agradezco
sus noches,
conmigo

Sus almas,
pululan
a mi alrededor
y no puedo
sentirme mejor,
porque son…,
mi abrigo

Soy testigo
de sus caricias
y festejo
con albricias',
acompañadas,
de llanto

Arriban
despacio,
sin provocar
alboroto,
o alguna clase
de daño

Ellos…,
mis fantasmas,
siempre
bailotean..,
alrededor,
de mi cama
y pueden
alcanzarme,
si lo deseo…,
un vasito de agua

Estiro mi mano
y me abrazan,
me nutro,
de su cariño
y con eso,
me alcanza

EL PARAÍSO
Y EL INFIERNO

Argucias,
presagios,
de una luna,
inconclusa
y de un sol,
hecho
pedazos

Caricias,
locuras,
traiciones
y amarguras,
convertidas,
en hachazos

Estrellas
que se astillaron,
mentiras,
que hicieron
daño

Un paraíso,
que nunca quiso
y el infierno,
como peldaño

FRÍOS SILENCIOS

Los silencios
tienen frío,
porque viven,
cerca
de un río

Ellos,
tienen el poder,
del que de pronto
puede saber,
el porqué,
de su situación
de olvido

Se mantienen
siempre firmes,
pero jamás,
vencidos

Planean
un atenuante,
para desafiar
su destino

Chapotean
en la mente,
se pasean,
con la muerte…
y proyectan,
su camino

GARABATOS,
EN EL CIELO

Nubes,
que pasean
presurosas,
vientos,
que juegan
a ser buenos

Garabatos,
que en el cielo
se dibujan,
mientras,
maúllan,
los gatos
y salen
las brujas,
en raudo
vuelo

Y la brisa,
vestida
de cobriza,
se sube
a una cornisa
y muerta
de risa,
se quita
su velo

Y debajo...,
la humanidad ,
que todo
confunde

Grietas
que crecen...,
maldad...,
que nunca
perece,
bondad,
que carece
de éxito
y virtudes
que decrecen

GUARDIÁN
DE MI GUARIDA

Enalteces
mi vida,
Guardián
de mi Guarida

Me cuidas
y me sostienes,
haciendo
menos difícil,
y más plácido,
el hermoso
atardecer

Atento
a mis desvaríos,
puedo así…,
observar
los ríos
y a su cauce,
crecer

Y…,
puedo pensar
en el tiempo,
sin miedo
a desvanecer

Desde
mi bella
guarida,
puedo ver,
a la luna
plateada,
maquillarse,
para reiterarse,
cuando perezca,
el amanecer

HOY.....

No pudo hallar
las palabras,
en los tiempos
que se alargan

Hoy....,
germinaron
aquéllas semillas
y transpiró
el rocío,
hasta llenarse
de lágrimas

Recordó...,
que fue un día
como hoy...,
que se eyectó
la esperanza

Del ayer...,
pocas alabanzas
y un dolor,
caliente...,
que a su pesar,
lo alcanza

El árbol,
comenzó
a menearse,
para que el viento
lo viera
y la piedra.
a bambolearse,
para no caerse,
como debiera

Y en la silla
de esterilla,
que de pronto
se moviera,
se encontraba
aquél hombre,
que en un rincón,
se escondiera

Mientras…,
mordía su lengua,
para que nadie
lo viera

LA ENERGÍA

La energía,
envejecía
al ritmo veloz
de los tiempos,
ya pararse
no podía,
porque,
sus huesos
gastados…,
ardían de viejos

Una silla
toda rota,
aún generosa
la sostenía,
de sus lamentos,
algunos mentirosos
y otros….,
con algunos
aciertos

Y energía…,
que de hecho,
dubitativa
esperaba,
decidió

con valentía,
el vivir otra mañana,
se levantó
de su silla
y retornaron,
sus ganas

LA HIEDRA

Amo
la libertad
de la hiedra,
que libre
se adhiere,
por la pared
y la piedra

Y
por los espacios
vacíos,
o mezclada,
con la hierva

Se asoma
por la vertientes,
y se ve
resplandeciente,
en el río

Su verdor,
enfatizado
y su acabada
frescura,
muestran
en su simpleza,
su belleza,
como ninguna

LA LLUVIA

Ella...,
me avisó
que ya...,
no volverías,
que en silencio
y despacito...,
y de pasito
a pasito,
sin que nadie
lo notara,
de todos,
te alejarías

Hubo
de hablarme
la lluvia,
para avisarme
lo que luego,
ocurriría,
pues la muerte
se echó a andar,
por nuestros
felices caminos..,
tal vez para
amedrentar,
o tal vez,
para coartar,
nuestros proyectos
divinos

Ángel
de la bondad,
lluvia
de la frescura,
cielo,
que nos depura
y que nos hace
reaccionar

Por el andar
tan difícil
de la vida,
poca es la alegría
y demasiado,
el pesar

LA MECEDORA

Su cálida
mecedora
de finísima
esterilla,
se mecía
muy elegante,
con un meneo
constante,
aquéllos alegres
días

Su madera
desde lejos,
muy brillante,
relucía

Y con el paso
del tiempo,
lloraba
el momento,
de aquélla cruel
despedida

Ahora...,
su cansino
y despacioso
meneo,
le causa
un profundo

malestar…,
porque
a su pesar..,
ya no puede
pasar,
en los brazos,
de su dueño

LA NOCHE,
MAS BELLA

Rústica luz
platinada,
que pintas
la morada,
de estrellas

Aire suave,
con olor a frutas,
que visitan,
mi ventana

Cobra
veracidad
el secreto,
que le he confesado,
a mi almohada

Y ese perfume
de flores,
penetrando
en mi humilde
casa

Paredes
de algodón,
de luna clara,
sillas,
que se visten
de bengalas

Amor
de alborada,
el cielo,
tiene la llave,
ve y solicita,
tu entrada

LA OSCURIDAD

La oscuridad,
cubría
mi espalda,
como una esmeralda,
agazapada

Mis sueños
celestes,
se posaban
en mi almohada,
que enojada,
se resistía
a mi abrazo
y a su suavidad,
se aferraba

Los silencios,
danzaban
caprichosos
en mi habitación
y me proferían,
ruidosos golpes,
para que despertara

Salí veloz,
a pedirle
a la luna
que se escondiera,
hasta que yo

pudiera,
atrapar
con mi mano,
a alguna
de las estrellas

Tomé...,
a la más bella
y la escondí
en mi bolsillo,
y sin emitir
ningún ruido,
sólo.., me adueñé
de ella'''

LA TIERRA,
SIN AGUA, NI RÍO

Se arrugó
la tierra,
sin agua,
ni río

Cesó
su canto,
el pájaro,
porque murió
de frío

El hombre,
puso
la trampa
y ahora...
se jacta,
de sus actos,
tan sombríos

El Universo
está enojado
y nos está
advirtiendo,
que vendrá
sobre nosotros,
provocando
fieros tiempos
bravíos'

LAS ESTRELLAS

Hoy…,
las estrellas,
lucen,
sus vestimentas
más bellas,
sus brillos
más distinguidos
y sus pétalos,
de plata

La luna,
disfrazada
de escarlata,
extrae
los destellos,
que por allí,
pasan

Los sueños
huidizos
se descalzan,
utilizan
sus cabellos
postizos,
para que de allí,
nadie salga

Los meteoros,
se asoman
por la ventana,
destilando
una mirada tierna,
un aire suave,
como agua de frutas,
para adornar,
esas dulces
miradas

Y luego....,
la paz habita,
en el interior...,
de esa casa

LAS SOMBRAS

Se movilizan
impávidas…,
y mueren
de rabia
y despecho

Cofradías
de ellas,
se sienten
más bellas,
que las propias
estrellas

Aliadas
del viento,
alucinan caprichos,
traman artilugios,
sin dejar
vestigios

Pintan
sus rostros,
de grandes
sonrisas
y se mimetizan…
con el fuego,
para plasmar,
sus litigios

Empero,
sus figuras,
ni flacas,
ni gordas,
y poco maduras,
portan investiduras,
que producen
las fisuras,
que dividen
a la humanidad

LAS TRES MÁXIMAS, MAS CONOCIDAS

Tener un hijo,
escribir
un libro,
y plantar
un árbol

Tomé
como hijitos,
a mis mascotas
queridas
y velé por ellos,
ofrendándoles
mi vida

Fui madre
de tiempo
completo
y de un amor
sin fronteras..,
con el corazón...,
repleto

Corrí
por ellos,
sufrí
por ellos,

lloré
con ellos,
recé
por ellos,
y perdí, pedacitos
de mi alma,
cada vez….,
que se iban
al cielo

Escribí
sin cesar…,
porque nací,
para ello

Y por último….,
planté tantos
árboles,
que casi ya….,
no recuerdo

LAS PENAS

Las penas
de noches serenas,
en más tristes…,
se convierten

Sus almas,
están más frías
y a la alegría,
revierten

Un dolor
atrevido
e inusitado,
interrumpe,
se agazapa
y de su condición
erudita,
pronto se jacta

El cielo
se desviste
de nubes,
empuja
a las estrellas
y se declara
inmune

Mientras…,
comienzan
a caer meteoritos,
como hilitos,
de esperanza
y las penas,
se convocan,
se renuevan,
y se van alejando
de a poco,
sin que nadie
las vea

LAS SONRISAS

Recuerdo
algunas
sonrisas,
que han quedado
grabadas,
en mi retina,
en mi alma,
en mi corazón
y en mi mente

La sonrisa
de mi padre
tan eterna,
tan predecible,
tan permanente

La de mi madre,
la menos frecuente,
pero con una ternura,
que perduró,
para siempre

Las sonrisas
de alegría,
de mis amadas
mascotas,

cuando
paseábamos
en auto,
o jugábamos
con la pelota

Y recuerdo
también...,
aquéllas otras....,
las forzadas,
las irónicas,
las sonrisas
desganadas,
las que siempre
existieron,
pero que nunca,
sirvieron de nada'

LA MAGIA

Te ayuda a huir
de la realidad,
cuando la verdad,
no aparece

Puede
convencerte
de que el amor
no crece,
o que el cielo
está cubierto,
aunque la lluvia
no cese

Puede ofrecerte
alguna serpentina,
o alguna pegatina,
para lanzar
un cohete

O darte un dato
ridículo,
donde cupiera
un corchete,
sin que nadie
lo notara,
o hiciera
un escandalete

Puede
pasar rauda,
por tu vereda,
hacer rebuznar
un burro,
o volverte taciturno,
si así,
lo decidiera

También
se puede burlar,
de las cosas
del amor,
produciendo
un estupor,
que le impactara
a cualquiera

LA TEORÍA

Se dice,
que la teoría,
es la melancolía
del cielo

Posee
una hipótesis,
que no falla,
cuando se trata,
de analizar,
el infierno

También supone,
que esto sucederá,
cuando transcurra
el invierno

Esto podría…,
mejorar
las habladurías
y efectuar cambios,
en los relojes
del tiempo

Mejorarían
los ciclos…,
la vanidad
podría desvanecer
riendo
y la austeridad
podría convivir
con la verdad,
que adolece
en estos tiempos

Nada es casual,
todo es virtual,
todo estaría
sucediendo

LOS QUE SABÍAN, AMAR

Amores
que se han perdido,
en el puerto
del olvido
y no los puedo
encontrar

Los he seguido,
por todos lados,
pero se encuentran
alojados....,
en otro lugar

A un lugar
seguro..,
un cielo
brillante,
se fueron de viaje
y no los he,
podido hallar

Paraíso
habitado,
por tantos
de mis seres
más queridos,
todos ellos....,
los que se han ido...,
los que sabían amar

LOS PÁJAROS
AÚN...,
ESTAN PRESENTES

La mariposa
sueña,
con posarse,
en una rosa

Y el sueño
se describe,
de forma
virtuosa

El silencio,
baila
y provoca

Un duende
está de visita,
pero nadie,
lo nota

El azul,
se ha convertido
en celeste
para disimular
que lo hace,
en forma
frecuente

El amor
le ha dado,
paso al olvido
y se ha declarado,
ausente

Pero
por suerte
los pájaros,
aún vuelan,
aún trinan,
'están presentes'

MAÑANA,
SERÉ PARTE….

Mañana…,
seré parte
de un ayer,
que quiso
y que pudo
ser

Ayer,
tal vez…,
fui parte,
de una hermosa
melodía
y de un claro
amanecer

Alegoría
que lucía
fría…,
tiempo,
que no sentía

Hoy..,
soy el espía
de mi Universo,
sólo medito
y escribo
versos

Los dedico
a los momentos,
que fueron
malos
y cruentos

No puedo
recordar
los otros....,
porque sólo,
fueron
cuentos....

MI MADRE
Y LA PRIMAVERA

La lámpara,
se va apagando,
y se diluye
la luz..,
de un inexorable
destino

Llueven
los recuerdos..,
se gestan
apresurados,
algunos,
fueron alegres
y otros..,
errados

Algunos,
fomentados
por el odio,
que prevalece,
en tantos
humanos

Un rebaño
de nubes
se acerca,
me observa,
allí..,
una imagen
que bella,
me promete
una estrella

Es la imagen
de mi madre
que plácida
espera…,
para llevarme
en su regazo..,
cuando asome
la primavera

MENTIRAS, ACURRUCADAS

La luna
inconclusa,
opaca,
el resplandor
de las estrellas,
por ende,
la noche…,
ha dejado
de ser bella

El cielo,
grita celoso
y deja de ser
afectuoso,
porque no tiene
consuelo

Mientras
se escriben
largas historias..,
que carentes
de memoria,
se perfilan
en flagelo

Las nubes,
se proclaman
sordas,
los meteoros
levitan
y las mentiras
acurrucadas…,
sobre la almohada,
transitan

Cicatrices
y rencores,
maldades
en los albores,
que llenos
de sinsabores,
las habitan

MARCAS

Signos
que no aparecen,
sillas vacías…,
hamacas,
que no se mecen

Fantasmas,
que aparecen
por todos lados,
para hacernos
recordar,
nuestro penoso
pasado

Ríos,
que secos
de angustia,
en las mañanas
mustias,
aparecen
enlodados

Madres,
que esperan,
hijos,
que no llegan

Obreros
que luchan
y desesperan

Lágrimas
de rocío,
sonrisas
que no llegan

Marcas,
que dejaron
huellas…,
y ausentadas
del camino
deliberan'

NOCHE, VACIA
DE OLVIDO

Hoy ...
mi noche,
está vacía
de olvido,
porque a mi lado,
deambulan...,
mis seres
más amados,
los que jamás
apartados,
forjaron
mi presente
y mi destino

Mi padre,
me enseñó
humildad
y mi madre.
fortaleza
y carácter especial,
para evitar,
la tristeza

Y mis queridas
mascotas,
me enseñaron
la nobleza,
la bondad

y la pureza,
de aquél,
que no pide nada,
sólo nuestra
presencia

Todos ellos…,
merodean
y se encuentran
a mi lado
y mientras
yo les escribo,
me toman
con ternura,
acariciando
mis manos

OSCURA
NOCHE

Brotes de sol,
escapados
del olvido
y una luz
plateada,
que camina
con sigilo

Días
ingratos,
repletos
de relatos
y gatos,
que en la oscuridad,
maúllan

Y en la plenitud,
de esa noche
la quietud,
prospera

Mientras
la brisa,
camina
por la cornisa
que muerta
de risa,
se acomoda,
en su trinchera

OTRA VEZ

Se instala
el miedo
otra vez….,
del derecho
y del revés

Ríos
de tiempo,
se suceden,
todo se paraliza
y finge
que duerme

La piedad
perdona,
la bondad
abandona

La verdad,
pulula
y la maldad,
ya no asombra

Difíciles
y cruentos,
son estos momentos,
que se viven
en zozobra

OTRA MAÑANA

El llanto
de la lluvia
refrescaba
el alma

La tierra,
sonreía
y todo transcurría,
en armonía
y en calma

Las llamas,
se diluían
y las nubes,
se disipaban

El viento,
esparcía
las cenizas
y la brisa,
las regaba

El aire…,
oxigenaba
las penas,
mientras,
las aves,
migraban

Era,
un día
diferente,
un día...,
poco frecuente,
un día...,
de otra mañana

POR DEBAJO
DEL SOL

Germina
la vida,
un brote
se asoma

La magia
despierta,
junto
con el aroma

Las flores
y el viento,
peinan el alma,
y la llenan
de sabores
y de calma

Las cenizas
de dolor,
emprenden
su retirada
y la brisa
la despide
con el brillo
de su mirada

Y por debajo
del sol,
todo el esplendor,
de la mañana

POR QUÉ HAS
DE CLAUDICAR?

Si con solo
mirar el cielo,
tienes el mejor
de los consuelos,
que la vida,
te ha de dar

Tienes oxígeno,
para curar,
tus heridas
y puedes ver,
a la luna brillar

Porqué..,
renunciar
a tanta dicha?,
porqué claudicar?

Cuando
un viento fuerte,
se acerca...,
embate,
le debes dar

Si tienes
desvelos,
aspira
el perfume
de un pañuelo,
ríe a carcajadas
y feliz verás…,
que has de estar

Levanta
vuelo,
dialoga
con las estrellas
y vuelve
a comenzar''''

PORQUE, NO PUEDE

Porque
no puede
con su camino,
se enoja
con su destino

Porque
no puede
mirar al frente,
sin hallar
un puente,
que entorpezca,
su vehemente
desatino

Porque
no puede
encontrar
la ruta,
que nunca debió
abandonar,
ya no puede
soportar,
la confusión
que lo invade

Es por ello..,
que como fantasma
camina a solas,
con su soledad
frecuente,
mareado,
perturbado
y obsecuente,
con su andar
casi insolente,
y con su cuerpo
acabado

PRESAGIO

Las estrellas,
lucen opacas
y la luna,
no tiene brillo

El grillo,
no canta,
y el rencor…,
luce amarillo

El agua
se dispone,
a caminar,
con sigilo

Todo…
se condice,
con un presagio
sombrío

Y en la noche,
los fantasmas,
saltando…,
mueren de frío

QUISO,
QUE LO ESCUCHARA

El silencio..,
me tapó
la boca,
quiso,
que lo escuchara
y yo,
con todo respeto,
mi permiso,
le otorgara

Era,
un silencio
genuino,
quasi matutino,
quasi vespertino,
quasi imprevisible

Era,
de todos
los silencios,
el único posible

Así,
lo hice
y miles,
de sueños deshice,
por los momentos,
que me brindara

Todo
volaba,
todo
giraba,
todo se diluía…..
y me rozaba
la cara

REMANSO
DE VIDA

La esperanza,
ya no fluye
y el tiempo,
se diluye

La magia
no la contempla,
la rabia,
no la detiene
y el mundo,
no la sostiene

La soledad
se alborota
y aquella
ternura loca,
descansa,
entre azucenas
dormidas

Y en el remanso,
un ocaso de vida,
que no se da
por vencida
y se aferra
a la libertad,
como punto
de partida

SE RESUELVE

No mentir,
para no herir,
al de al lado

No delinquir,
nunca portar,
un arma,
en la mano

Discernir,
para ser
escuchado

Afrontar
los errores
del pasado
y pedir perdón,
para ser
respetado

Amar,
para ser
amado,
no odiar,
aunque
traicionado

Pensar,
antes
de contestar algo,
que luego podría,
ser errado'

SESGOS

De aquéllos,
que amaron,
sueños
que no maduraron,
hoy,
convertidos,
en cenizas

Risas,
que arrastra
la brisa,
placer,
no consumado

Sesgos
de vanidad
ilegítima,
de crueldad
insoslayable
y de méritos
que se propagan,
pero que son,
muy cobardes

Y la falta
de caridad,
en honor
a la verdad,
se torna…,
por demás…,
improbable

Y la bondad
poco generosa,
por lo general….,
llega tarde

SIEMPRE,
TU SOMBRA

Vivirás
en mi alma,
siempre
me encontrarás,
cuando
necesites
calma

Aunque
no esté,
de cuerpo
presente

Aunque
te parezca
ausente,
te protegeré,
del olvido

Te hablaré
al oído
y nunca
te veré
vencido,
ni aún...
vencido

Porque
seré siempre
tu sombra
y también,
tu nido'

SOLÍAN....,
SER FELICES

Ellos,
se vestían
de fiesta
para enfrentar
juntos,
lo que la vida...,
les brindara

Se conformaban
con poco...,
lo que fuere,
celebraban,
como...,
dormir una siesta,
o festejar la mañana

Era difícil...,
todo aquello...,
pero nada...
los detenía,
nada
los asombraba

Ni aquél
viento huracanado,
ni aquél...,
cruel remolino,
que con furia,
se preparaba

Sus metas
eran las mismas,
como también,
fueran ciertos,
sus delirios
y faenas

Pero la vida
no quiso,
que ese amor,
prosperara
y todo lo deshizo,
porque la muerte,
lo quiso...... y el cielo,
lo acompañara

SOY..,

Soy vacío…,
soy soledad
y olvido

Soy río
mendigo,
soy cenizas…,
soy hastío

Soy camino,
que se gesta lento
y soy la imagen
que se apaga,
a fuego lento

Me duelen
los surcos,
que habitan
mi cara
y despacito huyo…,
para ver,
si se alejaran

El fantasma
de los días,
me hace daño
y se suceden
los años…,
al compás,

de otras
mañanas

Y mis canas,
se acentúan
y mis miedos
me acompañan

SOLEDAD
Y SILENCIO

Soledad,
se encontró
con el silencio
y tuvieron
un encuentro,
quasi casual

Hablaron
de sus propias
normas,
discutieron
las formas
y sellaron
su amistad

A la tarde
se encontraban
y se amaban,
casi sin pensar

Bebían juntos,
su merienda,
que compraban
en la tienda,
para disfrutar

Soledad,
conoció
a un apuesto
caballero,
y a Silencio...,
con esmero,
se lo fue
a plantear

Él, se retiró
enojado..,
se quiso alejar

Ambos,
recordaron
esa dicha
y después
de un largo tiempo,
se volvieron
a encontrar

SUS OJOS,
SUS GESTOS,
SUS LABIOS.....

Sus ojos,
hablaban,
pero su rostro...,
no se enteraba

Sus gestos
expresaban
el cansancio,
y la saciedad,
de vivir
lo superaba

Sus labios
balbuceaban...
y sus pensamientos
buceaban,
en su interior,
con vehemente
desatino

Por temor
al miedo
y al olvido,
prefería retirarse,
hacia
otro destino

Porque la falta
de amor,
era, sin duda,
su peor
enemigo

SOLEDAD, TOCÓ MI FRENTE

La soledad,
me tocó
la frente
y de pronto
presentí,
que era
mi día,
de suerte

Vivimos
juntas,
soñamos
juntas,
dormimos
juntas
y nuestra
amistad,
fue sincera
y transparente

Aprendimos
a madurar
y al prójimo
respetar,
sin necesidad
de convivir
con alguien,

o de contar
con alguien,
que no nos
conviniere

A la sinceridad
se refiere
y por sobre todo,
para respetarse,
o para no equivocarse,
si eso es..,
lo que se prefiere'

SOLÍA DIBUJAR

Cuando
el cielo,
me lo permitía,
solía dibujar,
una esperanza

Pero cuando
todo ardía,
todo lo borraba,
a ultranza

Cuando
no sabía,
donde iría,
solía..,
caminar el camino,
manejar el destino,
y luchar
con desatino,
en pos,
de venganza

Ahora…,
me desapego,
de los rencores,
brindo,
por esos amores,
sin recelos,
ni añoranzas

SUEÑOS

Que esperan
la primavera,
celestes
por dentro
y negros
por fuera

Sueños,
en la oscura
noche,
que llena
de reproches
desespera

Trampas,
que pone
el destino,
que con desatino,
persigue
un camino
y espera

Y un mundo
real,
que en nada ,
se asemeja
a la primavera

TEJE,
LA LABORIOSA
ARAÑA

Con esmero
y artimaña,
teje,
la laboriosa
araña

Es un círculo
erecto
y un camino
perfecto,
que admiración
nos causa

Así…,
tu jardín
revestido,
de estos preciosos
vestidos…,
colgados
por todos lados,
se condicen
a tu estilo

Das vueltas,
como la araña
en círculos…,
sin salida
y sueles,
en tu embestida,
empañar todo
de olvido

No tienes
valor alguno
y utilizas
el temor,
como herramienta
de amor,
de todo
lo perimido

TODO O NADA

Quiso el amor,
que el desamor,
encontrara

Apostó
al todo o nada
y solo el silencio,
encontrara

Y el tiempo,
pasaba…
y mal avenido
arribara

Estériles,
llegaron
las huestes,
que repletas
de pestes,
los días,
inundaran

Y se secó
el amor,
que se cubrió,
de muerte

Y renació
el dolor,
que parecía
ausente

Y el vino,
ardía…
y el fuego,
ardía

Y el sol
y la luna,
tuvieron la osadía,
de hacerse
presentes

UN SUEÑO
DE PAZ

Un sueño
risueño,
en la noche,
me ha llegado
y de una bella
melodía,
mi dormir
ha sido
premiado

Era una nueva
'Era',
de personas
que llegaron,
eran
la mansedumbre
y la paz,
su legado

Me desperté
sonriendo,
de satisfacción
y llorando

La alegría,
y la armonía,
ya se habían
instalado

UN LUGAR

Voy
a elegir
un lugar,
muy singular,
para guardar
mis recuerdos

Los voy
a clasificar
en sordos
ó lerdos,
en veloces,
o atroces,
ó por verano,
o invierno

O por alegres,
o perezosos,
ó por escandalosos,
o tiernos

Cada recuerdo,
tendrá
un cuaderno,
cada grupo,
tendrá
su nombre

Sea el más rico,
o el más pobre,
el más lindo,
o el más acorde

A los más feos,
los tendré
escondidos,
en un lugar,
del olvido
y nadie...,
sabrá
su nombre'

UN DESIERTO,
QUE NO ES CIERTO

Se encontró
una mañana,
en el medio
de la nada
y pudo descubrir
las cosas…,
que la vida
le otorgara

Y,
en ese tortuoso
llano…,
ese precioso
árbol,
su sombra
le regalara,
y el árbol,
no estaba solo,
una preciosa alondra,
también…,
lo habitara

Y allá…,
a lo lejos,
una cabaña,
y un rebaño,
muchos conejos
y flores,

que aquél creyera
perdidos,
un desierto,
que no es cierto…
y un paraíso
vecino,
que allí..,
prosperara

VE Y DILE

Que vuele,
en las alas
de sus sueños,
como la libélula
que disfruta,
su momento
sin pensar

Que se sienta
omnipresente,
y atrape
sin timidez,
la bondad
que le ofrece
el alma…,
así,
como al pasar

Que sienta
en su integridad
la virtud,
que arrasa
como un alud,
con empeño
y sin pesar

Que se comporte,
como aquél
aventurero,
que se dice
sincero
y levanta
su vuelo,
hasta su meta,
alcanzar

Ve y dile
que lo haga..,
'ahora',
porque pronto,
llegará su hora
y no lo podrá,
disfrutar

VEN, SIÉNTATE,
A MI LADO

Ven,
siéntate
a mi lado,
abrázame
con tus alas
y dime:
¿cuándo
en la tierra vivías,
que suelos
surcabas?
y ¿cuántas
fueron las penas,
que tu corazón
soportara?

Me gustaría
saber
y que tú
me lo explicaras,
si te fue muy difícil,
que al cielo,
llegaras

Para seguir
el ejemplo,
que tu calidez
y tu protección,
siempre me brindara

Y para merecer
tu dicha,
si es que de ella
gozaras,
o para seguir tu ruta,
si alguien,
de mi necesitara

Por si alguien
se siente solo,
por si algo
le faltara,
o buscara en mi
una ayuda….,
o para que lo auxiliara

VIDA

Cuando
sólo el dolor
me abraza,
toco fondo
y salgo rauda

Evito así..,
que la parca,
me devore,
o me queme
entre sus brasas

Cuando
la fobia
me alcanza,
los pétalos
de la luna,
se afianzan
y me recuerda
las caricias,
que su cielo,
me regalara

Esas cosas,
me hacen fuerte,
y se lo comento,
a mi almohada

Aunque
diluvie
en la tierra
y se marchite,
la esperanza

VESTIDOS,
DE LA MISMA
SUERTE

La historia
sorda,
la vida
impía,
la magia,
ausente

La virtud,
carente
y mis signos
vitales,
presentes

Todos
vestidos,
de la misma
suerte,
todos
vestidos,
de muerte

Todos
unidos,
serán
destruidos,
por el mismo
frente

YA EL TODO ES.....,
LA NADA

Cuando
se aproximan
las vísperas,
de alguna
festividad,
comienza
la verdad,
de nuestro
presente

Recordamos
con nostalgia,
a los que están
ausentes

Ya el todo
es....., la nada,
abrazos
que se perdieron,
caricias amorosas,
que nos dieron,
pérdida
de esperanza

Pero la vida
transcurre…
inexorable,
a modo
de daga

Si no es hoy,
será mañana

Ellos…,
nos esperan,
impacientes
y el dolor,
quasi frecuente
se ha convertido,
en la nada

ÍNDICE

www.ingramcontent.com/pod-product-compliance
Lightning Source LLC
LaVergne TN
LVHW051639080426
835511LV00016B/2398